El *TEXTO* SENTIDO
Guía pragmática de redacción en español

ENRIQUE SOLDEVILLA

Copyright © 2011 Enrique Soldevilla

All rights reserved.

ISBN: 978-1463668389
ISBN-13: 978-1463668389

Dedicatoria

A mis excelentes profesores de la Facultad de Artes y Letras de la Universidad de La Habana.

A mi esposa e hijos.

CONTENIDO

Introducción..2

1. Comunicar es interactuar..7

2. Las "piezas" de la información en la construcción semántica...12

3. La redacción por objetivos................................47

4. Modalidades de comunicación ejecutiva........ 65

5. Modalidades de comunicación académica...73

6. Modalidades de comunicación estética.........101

7. Modalidades de comunicación periodística..111

8. Empieza a escribir..114

9. Utilidades de redacción....................................117

Bibliografía...129

INTRODUCCIÓN

Este manual es una guía práctica para elaborar diversos tipos de documentos, teniendo en cuenta que *redactar* es *ordenar y contextualizar las ideas* que alguien desea exponer en un proceso comunicativo escrito.

Es oportuno aclarar que esas ideas comunicadas se transmiten y son percibidas debido a su *significado semántico global*, pues ningún hablante razona *en términos gramaticales* lo que escribe, lo que escucha y dice o lo que lee. Por tanto, estas páginas ofrecen un enfoque diferente para enseñar a redactar.

Los estudios lingüísticos de Noam Chomsky plantean que los hablantes *pensamos y transmitimos intencionalmente significados semánticos*; es decir, contenidos de información elaborados e interpretados solo como unidades de idea-mensaje, nunca como estructuras morfosintácticas. Apreciemos el siguiente ejemplo: "Los campesinos encontraron una épsula en Bonao". Tenemos una oración gramaticalmente clara pero semánticamente oscura mientras no sepamos *qué es* una "épsula". No se entiende aunque esté bien construida *gramaticalmente*. En suma, nadie elabora mentalmente lo que pretende expresar, de esta manera: "A María voy a explicarle, usando una oración subordinada sustantiva, que no estoy de acuerdo con su criterio sobre la tala de árboles". Quizás no ocurre así porque la velocidad del pensamiento humano es superior a la de su expresión lingüística.

A contracorriente de la didáctica apoyada en la gramática normativa para enseñar redacción, en esta guía se desarrolla una estrategia basada en la pragmática semántica - comunicacional, que ofrece un enfoque más próximo a la realidad de los hablantes. Según la Real Academia Española (RAE), *pragmática* es la "disciplina que estudia el lenguaje en su relación con los usuarios y las circunstancias de la comunicación".

Desde esa perspectiva centramos el proceso de la redacción de textos entrenando al lector a fijarse en el significado de la totalidad de un acto discursivo y no en la estructura morfosintáctica del mismo. Es decir, mostramos los marcadores informativos de un mensaje, no la función gramatical de ellos; a la vez, destacamos el principio de que cada acto discursivo está determinado *por la intención comunicativa del hablante*. Se asume al enunciado (oración simple o compuesta) como la unidad mínima de comunicación que, por ofrecer un sentido completo, es capaz de hacer posible la comprensión de una idea terminada y, en consecuencia, de movilizar respuestas recíprocas entre emisores y destinatarios.

Los docentes que enseñan redacción pudieran emplear esta estrategia de lectoescritura pragmática y convertir cada clase en un taller donde los estudiantes "vivan" el proceso creativo de un texto y desplieguen todo el conocimiento previo que posean acerca de un tema; donde aprendan a contextualizar la comunicación para precisar significados. Por esta vía formaremos, desde edades tempranas, individuos con mejores capacidades de razonamiento crítico-analítico, propiciándoles así múltiples autopistas de acceso a la comprensión de otras materias, porque al fin y al cabo todo proceso de aprendizaje se produce a través de actos discursivos orales y escritos.

1. COMUNICAR ES INTERACTUAR

La interacción social de los individuos se establece mediante procesos comunicativos que desempeñan un papel crucial en las relaciones interpersonales. Sin tales procesos ¿cómo interactuaríamos con nuestros semejantes?

¿Cómo los individuos intercambian sus ideas, sus emociones o sus conocimientos? Lo hacen por medio del lenguaje, que es *la envoltura material del pensamiento*. Pero el lenguaje es solo la *potencialidad* de emitir sonidos articulados, sonidos que adquieren valor referencial y *se concretan* dentro de un sistema sígnico codificado y organizado gramaticalmente por cada sociedad humana, denominado *lengua* o idioma. De ahí la diversidad de idiomas que son hablados en el mundo.

Al uso práctico de una lengua se le llama *habla*, y es en este plano del habla donde se realiza cualquier proceso de comunicación, oral o escrito. Así, *lenguaje*, *lengua* y *habla* son tres conceptos lingüísticos diferentes. Por otra parte, cabe aclarar que en el presente manual empleamos como equivalentes los términos "acto de habla", "acto discursivo", "texto" y "discurso", así como las categorías "enunciado" y "oración".

Funciones del lenguaje humano

Las acciones comunicativas son procesos neurolingüísticos. Por esta razón los seres humanos acompañamos *lo dicho* con ciertas manifestaciones psicológicas, involuntarias o no. De ese complejo proceso se derivan las llamadas funciones (o usos operativos) del lenguaje. Según la *Teoría de los actos de habla,* que dio origen a la pragmática lingüística, dichas funciones son:

***Función representativa, referencial o locutiva**. Es lo que alude a algún aspecto concreto de la realidad que es reconocido y verificado por el receptor.* Aquí se maneja el significado primario de las palabras. Por ejemplo, los géneros informativos y científico-técnicos necesitan usar esta función para transmitir con objetividad el conocimiento acerca de algo específico.

Función expresiva, emotiva o ilocutiva. Expresa *los sentimientos o estados de ánimo del emisor*: Por ejemplo, cuando alguien dice: ¡Te odio! ¡Te quiero mucho! ¡Qué alegría me da de verte!

Función conativa o apelativa.
Se utiliza *para captar la atención del destinatario de un mensaje*. Por ejemplo, cuando nos expresamos en modo verbal imperativo o en oraciones interrogativas: ¡*Apaga las luces, por favor*! ¿*Sabes quiénes vienen a la conferencia*? Los textos publicitarios y de propaganda política e ideológica usan esta función *para influir en el lector*, pues en ellos se manejan elementos afectivos a fin de movilizar la conducta del receptor.

Función metalingüística.

Se usa cuando explicamos aspectos referidos a la lengua o el habla. Por ejemplo, esta guía.

Función estética.

Se deriva de la combinación de uso de las anteriores y hace posible la existencia de los géneros literarios, como el cuento, la novela, el teatro y la poesía. El uso de metáforas y de otras figuras de pensamiento suelen emplearse en esta función.

Pero antes de utilizar esas funciones del lenguaje es necesario entender cómo se construyen las unidades de mayor significación con el propósito de armar segmentos que aporten sentido a lo que se desea comunicar a otras personas. En el capítulo 2 se explica el procedimiento.

2. LAS "PIEZAS" DE LA INFORMACIÓN EN LA CONSTRUCCIÓN SEMÁNTICA

El alfabeto: esas pequeñas "piezas" con que construimos *palabras*

Las letras del alfabeto pueden asumirse como "micro piezas" del idioma que permiten componer una *palabra*. Con palabras interconectadas formamos, por ejemplo, una frase; al agregarle a ésta un verbo (clase de palabra que indica acción) construimos un *enunciado*. Con estos enunciados, de manera progresiva, desarrollamos *la exposición lógica de ideas* sobre cualquier tema, por medio de unidades comunicativas superiores llamadas párrafos.

El alfabeto español (RAE 2010) está compuesto por las siguientes 27 letras o *grafemas*, caracteres que en el habla oral se les llama *fonemas*:

En mayúscula: A B C D E F G H I J K L M N Ñ O P Q R S T U V W X Y Z

En minúscula: a b c d e f g h i j k l m n ñ o p q r s t u v w x y z

Las vocales son: a e i o u. Fonéticamente son vocales abiertas a, e, o y cerradas i, u (la *y* es equivalente fonético de i).

Lo que las palabras *significan*

Al combinar ciertos caracteres del alfabeto formamos *palabras*. Cada una de ellas tiene una manera única de escribirse (forma o significante) y, a la misma vez, uno o varios significados léxicos posibles (contenido o significado). Por ejemplo: **p**+**a**+**l**+**a** = pala. Al escucharla o leerla aparece en nuestro cerebro la imagen de la herramienta usada para cavar y mover tierra, piedras o arena. Si cambiamos una sola letra de esa combinación, inmediatamente cambiará la imagen. Por ejemplo, **b**+**a**+**l**+**a** = bala. Ahora en nuestro cerebro aparece otra imagen distinta a la anterior. Eso demuestra que el signo lingüístico (una palabra) es una unidad de forma y contenido que no puede separarse porque refleja siempre algo existente en la realidad objetiva o refiere algún concepto que forma parte de la experiencia de las personas.

Por tanto, son muchas las combinaciones que podemos realizar con esas simples letras para designar la amplia variedad de cosas de la realidad o sus cualidades, y también para explicar los conceptos abstractos de la creación intelectual humana.

Con palabras construimos *frases*

La gramática española asume las frases como oraciones, aunque muchas veces vemos que no llegan a constituirse como tales. Desde un enfoque semántico-comunicacional esos segmentos lingüísticos son palabras encadenadas que ayudan a completar y a precisar *hasta cierto punto* el significado de lo dicho. Veamos el proceso comunicativo que se desarrolla a continuación:

Cuando escribimos *Un hombre*, señalamos a un ser humano de género masculino. En este caso, y desde la mirada gramatical, *Un hombre* es una frase (en gramática se llama sintagma) cuya estructura está constituida por: **Un** (artículo indeterminado) + **hombre** (sustantivo común). Si deseamos ampliar esa frase, con la intención de precisar alguna característica del hombre, añadimos un *adjetivo* al conjunto: *un hombre* + **bondadoso**. Así hemos construido un *sintagma nominal*, y al mismo tiempo estamos transmitiendo *más información* porque indicamos una cualidad del mencionado hombre.

Sin embargo, el lector no sabe todavía por qué mencionamos *un hombre bondadoso*; tampoco sabe qué pasó, qué pasa o qué puede pasar con *un hombre bondadoso*. Esto quiere decir que ese intento comunicativo necesita ser completado para que el receptor comprenda el mensaje. Para completarlo necesitamos escribir otro sintagma: **llegó**.

Gracias a este otro sintagma, que expresa *una acción* realizada por dicho hombre, la idea quedó perfectamente completada. Por tanto:

Un hombre bondadoso (sintagma nominal) + **llegó** (sintagma verbal) = **enunciado** (en este caso una oración gramatical simple).

Ese segmento lingüístico ampliado, conocido como *enunciado* u *oración*, está formado por una secuencia de palabras relacionadas entre sí que expresa un sentido semántico acabado, por eso se define como la unidad *mínima* de comunicación *con sentido completo*. Es un nivel comunicativo superior comparado con la capacidad de comunicar que posee un sintagma o frase. Ahora, siguiendo el ejemplo, el receptor tiene mayor información porque conoce que *llegó un hombre bondadoso.*

Gramaticalmente, debido a la *función que desempeña* dentro de la oración, el sintagma nominal se convirtió en *sintagma nominal sujeto* y el verbo *llegó* es el *sintagma verbal predicado*. Por la función de cada sintagma las oraciones suelen dividirse en dos partes básicas: **sujeto** (quien realiza o padece la acción expresada por el verbo) y **predicado** (la acción y sus detalles, si están explícitos). Desde un enfoque semántico- comunicacional todo enunciado (oración) puede segmentarse en "marcadores informativos".

Así, vista esa oración *desde su valor informativo*, el receptor todavía desconoce *a dónde* llegó y *cuándo* llegó el hombre bondadoso. Tampoco sabe *para qué* llegó, *por qué* llegó y si llegó *acompañado* o solo. En el ejemplo referido pudiéramos completar el hecho comunicativo de la manera siguiente:

Un hombre bondadoso, acompañado por expertos, llegó anoche a Santo Domingo trayendo una donación de medicinas. Y el análisis de la información que trasmite podemos realizarlo mediante preguntas al verbo, así:

¿Qué hizo?: llegó = Marcador de la acción

¿Quién llegó?: Un hombre bondadoso = Marcador del sujeto (el resto del enunciado es el predicado)

¿Con quién llegó?: acompañado por expertos = Marcador de compañía

¿Cuándo llegó?: anoche = Marcador de tiempo

¿A dónde llegó?: a Santo Domingo = Marcador de lugar

¿Para qué llegó?: para entregar una donación de medicinas. = Marcador de finalidad

El enunciado: *eje* **de la comunicación escrita**

En este manual asumiremos al enunciado u oración (entiéndase *una idea completa expresada*) como la *unidad-núcleo* de la estrategia comunicativa, pues compone la cadena mínima capaz de ofrecer un sentido completo a lo comunicado. Por eso los enunciados son las "piezas fundamentales" de la estructura de los párrafos.

Según *la actitud del hablante* una oración puede ser:

CLASIFICACIÓN	EJEMPLO
Desiderativa: (Expresa un deseo).	Si me aceptaran en ese empleo.
Dubitativa: (Expresa duda).	No sé si aprobé el examen.
Enunciativa-afirmativa: Enunciativa-negativa:	Laura escribe bien. Carlos no escribe bien.
Exclamativa:	¡Aprobé mi último examen!
Imperativa:	Llega temprano mañana, Laura.
Interrogativa:	¿El martes es día feriado?
La acción del sujeto puede enunciarse *en voz activa*:	Pedro construyó una casa.

O puede enunciarse *en voz pasiva*:	La casa fue construida por Pedro.
Las oraciones pueden tener predicado verbal:	Juan salió anoche hacia el extranjero.
O predicado nominal (con los verbos copulativos *ser* o *estar*):	Juan *es* extranjero.

Fijarnos *en el significado global de "lo comunicado"*

La contextualización de las palabras dentro de esa cadena comunicativa que llamamos oración es clave para la comprensión de lo comunicado y para lograr precisión, pues dentro de un enunciado las palabras realizan un "trabajo en equipo" donde cada una de ellas, según su clase o su función, se combina con otra y aporta una cuota de significado o de claridad informativa al conjunto, pero es éste el que es percibido por el receptor como un mensaje completo y específico.

El significado global de una comunicación dependerá también de la intención con que el emisor la haya construido y del modo en que la interprete el destinatario. Esa intención puede ser **denotativa** (si significa algo objetivo) o **connotativa** (si significa algo subjetivo, simbólico). Ej.: *El día está nublado* puede denotar (objetivamente está nublado) o puede connotar (al no haber sol, puede simbolizar que el día provoca tristeza). Por eso debe prestarse especial atención al contexto de lo comunicado. Toda enunciación conlleva una función denotativa y otra connotativa; el receptor es quien privilegia una u otra en dependencia de su experiencia.

Las preguntas de la vida cotidiana como *guías* de la interpretación y de la producción de textos

Las respuestas a diversas preguntas que nos formulamos *mentalmente* durante el proceso de lectura son las herramientas más eficaces para discernir, clasificar e interpretar la información que un texto nos transmite. Ayudan a aprehender los "marcadores informativos" de cualquier texto. Por ejemplo: la combinación "*¿quién* hizo *qué?*" nos permitirá saber el evento ocurrido y la persona que lo realizó (o que fue afectada por ese evento). Preguntas básicas de lectoescritura son:

¿Qué? Al responder esta pregunta te enfocas en el hecho, en el suceso, en el tema central, en el verbo, que es la categoría gramatical que indica acción.

¿Quién o quiénes? La respuesta de esta pregunta indica el sujeto que realiza o que recibe la acción expresada por el verbo de una oración.

¿Cuándo?, ¿Hasta cuándo?, ¿Desde cuándo? Las respuestas de estas preguntas indican el tiempo o momento en que fue, es o será realizada la acción.

¿Cómo? Indica el modo en que se realiza una acción.

¿Dónde?, ¿A dónde?, ¿Por dónde?, ¿En dónde?, ¿Hacia dónde?, ¿Hasta dónde?, ¿Desde dónde?, ¿De dónde? Indican el lugar, el espacio donde fue, es o será realizada la acción.

¿Con qué? Señala el instrumento u objeto utilizado para hacer algo.

¿Con quién o con quiénes? Indica compañía.

¿Por qué? Indica causa.

¿Para qué? Expresa la finalidad, el objetivo, el propósito con que fue realizada una acción.

¿Para quién?, ¿A quién? Indica la persona afectada por una acción.

¿Cuánto? Indica cantidad.

¿En qué? Informa sobre el medio de transporte.

La respuesta a cada pregunta te ayudará igualmente a escribir tus ideas y así lograr mejor precisión comunicativa.

Ejercicio: localizar *infomarcadores*

Analiza las siguientes oraciones simples. Hazle algunas de las preguntas anteriores al

verbo de la oración analizada y con cada respuesta obtenida verás lo fácil que es clasificar la información, encerrando cada *marcador informativo* en un rectángulo.

1. Los campesinos encontraron anoche un OVNI en el parqueo.

2. Te vieron anoche en el mercado con tu hermana.

3. Los marcianos verdes llegaron en sus naves redondas a Santo Domingo, anoche, silenciosamente, para firmar un convenio científico.

4. La vi.

5. Los trabajadores edificaron una cabaña sobre una loma.

6. Juan compró un libro de historia para su hermana.

7. Los hombres primitivos desconocían la escritura.

8. Alberto anoche regresó de la playa.

9. Anoche Alberto regresó de la playa.

10. Comieron pan con mantequilla de maní.

11. Pedro y Juan comieron pan con queso.

12. Aplastó la cucaracha con el pie.

13. Los insectos pican a cualquier hora.

14. Los jóvenes cantaron alegremente con el coro nacional esta mañana.

15. El profesor llegó alegre con su laptop actualizada.

16. El perro ladró anoche asustado por culpa del de la vecina.

17. La escuela está abierta por la tarde.

18. Pedro llegó feliz hoy con sus niños.

19. Salió anoche de su casa para pescar en el río.

20. Juan y Pedro llegaron del aeropuerto.

Redacta una oración que tenga *únicamente* marcador de tiempo, marcador de modo y marcador de compañía:

_____

_____

Los signos de puntuación

Los signos de puntuación son *reflejos gráficos* de la entonación, del estado de ánimo, de las pausas o del destaque de un significado cuando nos expresamos de modo oral. Son otras "micro piezas" del idioma.

Interrogación (¿?). En español se escriben al principio y al cierre de las oraciones interrogativas directas, para formular una pregunta. Ej.: ¿Cómo estás? Si la interrogación es indirecta no se usan signos. Ej.: Dime cómo estás de salud.

Admiración (¡!). En español se escriben al principio y al cierre de las oraciones exclamativas, para expresar sorpresa, alegría, ira o una orden (modo verbal imperativo). Ej.: ¡Feliz cumpleaños!

Tres puntos suspensivos (...). Se utilizan para dejar indefinida o inconclusa una idea, ya sea porque la segunda parte de una oración es conocida por el receptor o porque deseamos crear alguna expectativa o suspenso psicológico. Ej.: Dime con quién andas...

También se usan al citar textualmente un fragmento de lo dicho o escrito por otra persona. En este caso los tres puntos van al principio o al final del fragmento, entre paréntesis, para indicar que no fue citado completo. Ejemplo:

José Ingenieros anotó que la mediocridad "(...) es un accidente de la penumbra".

Para indicar duda, inseguridad, temor o sorpresa usando una forma expresiva entrecortada. Ej.: Bueno... en realidad... quizá... es posible... Cuando se deja sin completar una enumeración. Ej.: Tengo muchas clases de flores: rosas, claveles...

Cuando se quiere dar emoción. Ej.: Entonces, en el momento de mayor tensión... se fue la luz.

Comillas (" "). Se usan al citar textualmente lo que dijo o escribió otra persona. También se utilizan para destacar el significado de una palabra o de una frase, y cuando se desea ironizar. Los títulos de artículos, de cuentos y de poemas van entre comillas; éstas se escriben al principio y al cierre de la palabra del título o del fragmento citado.

Coma (,). Se utiliza para separar las palabras de una enumeración. Ej.: Las plantas, los animales, la tierra, las aguas, el aire y el hombre conforman la ecología. Para introducir una aclaración o explicación dentro de una oración. Ejemplos:

Los hombres primitivos, al inventar el arco y la flecha, dieron un importante paso tecnológico. Para omitir un verbo: Algunos piensan en el dinero, otros, en la salud.

Para separar los vocativos dentro de las oraciones: Debes trabajar, amigo, hasta lograr tu meta.

Punto y coma (;). Indica una pausa superior a la marcada por la coma e inferior a la señalada por el punto. Se usa para separar los elementos mencionados en expresiones que incluyen comas. Ej.: Los zapatos son negros; los pantalones, grises; la camisa, azul claro; la corbata, azul oscuro y el saco, negro. En el llamado "estilo periódico" (cuando se redactan oraciones breves y frases concisas de sentido relacionado mutuamente) se podría separar lo escrito con punto y seguido. No obstante, usar el punto y seguido o el punto y coma dependerá de la vinculación semántica entre las oraciones o proposiciones. Cuando el vínculo semántico no queda claro es preferible usar un punto y seguido; pero si dicho vínculo es fuerte resulta mejor utilizar el punto y coma. Ej.: Habló con palabras elegantes y emotivas; pero no logró cambiar la opinión de los oyentes.

Dos puntos (:). Se usan para iniciar una enumeración. Ejemplo:

Los puntos cardinales son cuatro: Norte, Sur, Este y Oeste.

También, para resumir lo dicho antes: Una persona debe estar limpia y con la ropa planchada, en una palabra: presentable.

Para reproducir palabras textuales: José Martí dijo: "Ser cultos es el único modo de ser libres".

Punto (.). Se escribe al final de una oración, ya sea para dar paso a otra dentro de un párrafo o para finalizar éste.

También se usa en las abreviaturas: Dr., pág., etc.

Cuando se cierran paréntesis o comillas el punto irá siempre después de los mismos. Al finalizar con un signo de admiración o de interrogación *NO* se pone punto.

Guión largo (-). Se usa para intercalar un comentario aclaratorio dentro de una oración. Ej.: La isla Tortuga -según los historiadores- era refugio de piratas.

Para palabras compuestas. Ej.: La frontera dominico-haitiana.

Para separar fechas: 1925 – 1996.

Para introducir diálogos en un texto, aislándolos de lo que cuenta el narrador. Ejemplo:

- ¿A qué hora usted lo vio?- inquirió el detective.
- A las doce de la noche.

Al separar palabras al final de línea también se usa el guión: hexago-nal, ca-pricho. En estos casos una vocal nunca debe quedar sola. Tampoco se separan las siglas, las abreviaturas ni las palabras monosílabas. Los vocablos que lleven ll, rr o ch *NO* pueden separarse. La excepción a esta regla es cuando una palabra se escribe con doble ce (cc), que SÍ puede ser separada por guión. Ej.: Ac-cesar.

Paréntesis ( ). Se usa para intercalar datos en una oración: fechas, páginas de una publicación o nombres de personas, países y ciudades. También, al igual que el guión, puede servir para hacer una aclaración. Ejemplo:

Pedro (un español naturalizado dominicano) tiene una tienda de discos.

Diéresis (¨). En español algunas palabras con diptongo en *gue* y *gui* llevan diéresis sobre la letra *u*, como en Higüey, güira, Camagüey, Jigüe, ambigüedad y pingüino.

Corchetes [ ]. Se usan, como los paréntesis, para intercalar información aclaratoria o complementaria. Ejemplos:

Cuando necesitas hacer alguna aclaración dentro de un texto que ya encerraste entre paréntesis.

Para indicar, con tres puntos entre corchetes, que falta una parte del texto de un autor citado por ti.

Ejercicio: adquisición de vocabulario

Llena los espacios en blanco con palabras que den sentido al texto:

El *texto* sentido

Este barrio fue construido_____ en una zona_____.

Esa pared _____ no es de ladrillos, sino de _____.

Cuando _____ llegues allí _____ por_____.

El deportista _____ no logró _____.

Ella _____ que _____para _____ ese _____.

Tienes que _____porque hay otros en_____ para que los atiendan.

Antes _____no había_____ la gente se _____con_____.

No me acuerdo de su_____y eso me apena.

Siempre _____ temprano, aunque_____que_____.

Estos _____ molestan_____con sus_____.

La _____ de los _____ se parece a _____.

Te _____ una _____que no te_____.

Hasta _____ no hay_____ de_____.

_____de_____llegó _____gente__ __lugar.

La ampliación del universo léxico se logra mediante el hábito de lectura. Ten en cuenta que para redactar acerca de un tema debes leer lo que otros autores han escrito sobre ese tema. En consecuencia, para producir un texto debes documentarte.

Las oraciones compuestas

Una oración compuesta es el conjunto de dos o más *proposiciones* relacionadas para ofrecer *un sentido total único*. Cada una de las proposiciones tiene su propio verbo conjugado. Ejemplos:

Los marcianos entraron / cuando supieron /que los pobladores estaban fuera del territorio.

<u>Hace</u> millones de años / los hombres primitivos <u>ignoraban</u> / que la Tierra <u>gira</u> alrededor del Sol / y que <u>había</u> otros clanes / que <u>habitaban</u> territorios lejanos.

La gente <u>ignora</u> /que <u>vive</u> rodeada de microorganismos/ que <u>provocan</u> alergias./ <u>Son</u> los ácaros del polvo.

Nota: Una serie de oraciones sin conexión temática mutual *NO* forma una oración compuesta ni un párrafo. Ejemplo:

El mago llegó tarde a la fiesta. Cantinflas fue un actor cómico mexicano. Va a llover hoy. María no sabe nadar.

Por otro lado, a causa de esa *colaboración informativa* entre las proposiciones una oración compuesta es, de hecho, un párrafo.

Ejercicio: manejar la información en las oraciones compuestas

Separa las proposiciones del siguiente texto. Observa la unidad de sentido entre ellas.

En la prehistoria los hombres primitivos cazaban para sobrevivir, pero había periodos de deshielo que impedían que en los valles hubiera animales disponibles, ya que emigraban éstos a otros sitios donde la temperatura les propiciaba un hábitat más favorable.

El párrafo y la *idea* central

El párrafo es una estructura de comunicación lingüística que transmite *una idea central*. Está formado por una o varias oraciones, sean simples o compuestas. Dentro de ese conjunto *solo una* funciona como oración central, principal o temática. Las otras oraciones son secundarias. Asimismo, la idea central de un párrafo puede ser explícita y aparecer ubicada al principio, en el medio, al final o diluida en todo el párrafo; en ocasiones puede estar implícita, y en este caso hay que deducirla. Cada párrafo de un texto empieza con letra mayúscula y finaliza con punto y aparte. Ejemplo:

A partir del Renacimiento la sociedad occidental sistematizó el interés por estudiar el acontecer histórico, político, científico y sociocultural de las civilizaciones griega y romana. Aquella eclosión intelectual desbrozó el camino para la consolidación y la diversificación de especialidades en las primeras universidades europeas.

La letra cursiva destaca la oración que marca la idea principal del párrafo anterior. ¿El truco para determinar cuál es la oración principal? *Tapar y leer*, pues al taparla el resto que lees no tiene sentido.

Cualidades del párrafo:

Unidad de sentido (*cohesión*): Todas las oraciones de un párrafo deben estar relacionadas con la oración principal para que haya unidad en el desarrollo expositivo de un mismo tema.

Coherencia: La coherencia consiste en continuar redactando, en los párrafos subsiguientes, aspectos nuevos del mismo tema central, sin desviarte de él.

Los párrafos estructuran un texto en tres partes básicas:

1. *Introducción* del tema que expondrás con mayores detalles en el cuerpo del texto.

2. *Desarrollo* profundo de tus ideas. Es la progresión del tema en el cuerpo de tu texto.

3. *Conclusión* o cierre de tu exposición escrita.

Ejercicio: localizar la idea central

Copia aparte la oración que expresa la idea central del siguiente párrafo:

El acto de viajar ha sido crucial en el devenir de la sociedad humana desde sus orígenes. Primero, para buscar fuentes de alimentos en zonas de caza o pesca; luego, para asentarse en nuevos territorios agrícolas. Siglos después, tras el surgimiento del Estado, para conquistar reinados, constituir imperios o escapar de éstos. Modernamente, para satisfacer la curiosidad científica o divertirse.

_____

_____

_____

Ejercicio: interpretación

En este microcuento del escritor guatemalteco Augusto Monterroso la

palabra dinosaurio simboliza algo. ¿Qué sentido le darías tú? Explica.

Cuando despertó, el dinosaurio todavía estaba allí.

3. LA REDACCIÓN POR OBJETIVOS

En cualquier idioma los hablantes necesitan ejecutar cuatro funciones lingüístico-cognitivas: *definir*, *describir*, *narrar* y *argumentar*. Por tanto, los tipos de párrafo dependerán *del objetivo comunicativo* del redactor, obligado por cada una de esas funciones. Para redactar cada uno escribes *tu respuesta* a preguntas mentales específicas. Veamos:

Tipos de párrafo *según sea tu objetivo comunicativo*

***El párrafo conceptual o de definición*:**

Si tu objetivo comunicativo es *definir*, un par de preguntas específicas que debes hacerte en tu mente son: ¿Qué es este objeto o concepto?, ¿Para qué se usa? La respuesta a cada una te permitirá escribir de una forma concreta, clara y precisa lo que deseas explicar.

El párrafo descriptivo:

Si quieres redactar una *descripción* debes responder la pregunta: ¿Cómo es, en detalle, esa persona, animal, objeto, proceso o ambiente que voy a describir?

El párrafo narrativo:

Si deseas *contar algún suceso o cadena de hechos*, producirás párrafos *narrativos*. Tus preguntas mentales para desarrollarlos son: ¿Qué pasó?, ¿Dónde?, ¿Cuándo?, ¿Quién lo hizo o lo sufrió?, ¿Cómo lo hizo?, ¿Por qué ocurrió?, ¿Para qué? Lo más fácil es narrar siguiendo una secuencia cronológica de los hechos ocurridos, aunque se admite, en literatura, un orden no lineal.

El párrafo argumentativo:

Si quieres *exponer las razones para defender una idea o una postura* ante un asunto específico, redactarás párrafos *argumentativos*. Empiezas expresando tu posición (llamada *tesis*) en forma de oración afirmativa y de inmediato respondes la pregunta básica: ¿Por qué afirmo esto? Cada opinión expresada por ti debe ser apoyada con cifras, datos, ejemplificaciones, hechos comprobables, verdades científicas u opiniones de expertos en el tema tratado. A cada argumento dedícale un párrafo.

NOTA: Esas cuatro funciones expresivas, nacidas del objetivo comunicativo que persigue quien redacta (y de las cuales se derivan respectivamente los cuatro tipos de párrafo mencionados) son realizadas dentro de una superfunción *expositiva-explicativa*, semejante a un "sistema operativo" que enmarca y, por tanto, es donde transcurre la comunicación humana.

Al concebir como una *superfunción* al proceso de exponer-explicar, se evita cualquier duda originada por la clasificación tradicional de los *tipos de texto*, donde encontramos una sutil separación entre ´exponer´ (transmitir información) y ´explicar´ (transmitir conocimiento), aun cuando la definición que el diccionario de la RAE ofrece de esas acciones verbales revela que recíprocamente una explica a la otra. En cualquier caso ambas posibilitan la comprensión de algo.

Funciones específicas como *definir, describir, argumentar* y *narrar* (la comparación pertenece a la descripción y la ejemplificación puede utilizarse en la definición y en la argumentación) suelen emplearse en toda la transmisión de saberes que se despliega durante cualquier proceso expositivo-explicativo.

Ejercicio: redactar

Escoge un objeto, que será tu *tema*. Empieza a redactar un párrafo *de definición* de ese objeto. Luego *descríbelo*; *narra* su historia (irreal o no) y *argumenta* en torno a la importancia del objeto en cuestión.

Al concluir el ejercicio anterior observa cómo escribiste cuatro párrafos de naturaleza diferente a partir de cada objetivo comunicativo, pero cada uno refiriéndose *a un mismo tema*.

También observa que la progresión expresiva o "flujo expositivo" logrado se produjo al emplear los elementos de enlace de ideas que, como "piezas articulatorias", provee el idioma. Son los llamados *conectores*.

Ellos contribuyen a precisar o a matizar aspectos de lo que deseas decir, y a "marcar" etapas del desarrollo expositivo de tus ideas en un texto.

Los conectores: "piezas" que enlazan y hacen fluir tus ideas

Los nexos o conectores son importantes "piezas" del idioma que facilitan la coherencia y la ampliación de la exposición de tus ideas. Son las preposiciones o frases preposicionales, las conjunciones, los pronombres relativos y algunos adverbios. Ejemplos:

Su proceder es críptico; *es decir*, misterioso.

Juan es buen alumno, pero disociado.

Ella tiene talento, aunque necesita ejercitar más tiempo diariamente.

En conclusión, la educación ambiental debe formar parte del currículo desde la enseñanza primaria.

Conectores o "marcadores" del discurso

Iniciadores

Iniciadores de la exposición: Para empezar, primero que todo, ante todo.

Marcadores del orden de exposición de las ideas:

a) En primer lugar, primeramente, por un lado.

b) En segundo lugar, por otra parte, de otra parte, asimismo, después.

c) Por último, en último lugar, en fin.

Marcadores de etapas de la exposición:

a) Hasta aquí, antes, hasta el momento, aquí, en este momento, más abajo, después, luego.

De continuidad expositiva

Agregadores de ideas: Además, encima, aparte, incluso, es más.

Contraargumentativos: pero, en cambio, por el contrario, antes bien, sin embargo, no obstante, con todo, ahora bien.

Consecutivos: pues, así pues, por tanto, por lo tanto, por consiguiente, en consecuencia.

Causales: porque, puesto que, ya que, debido a, en vista de que.

Reformuladores de una idea

Explicativos: o sea, es decir, esto es, en otras palabras.

De distanciamiento: En cualquier caso, de todos modos, de todas formas, de todas maneras, de cualquier forma.

Recapitulativos: En suma, en resumen, en definitiva, para finalizar, después de todo, en conclusión.

La técnica de resumir un texto

Resumir es sintetizar un texto. Si éste tiene 100 páginas, reducirlo a un 25% de esa longitud.

Esta técnica sirve para estudiar, organizar las fuentes consultadas y escribir fichas de contenido.

Pasos para realizarlo:

1. Lee el texto de referencia para comprender las ideas de su autor e identifica el tema nuclear.

2. Marca con un resaltador la oración principal de cada párrafo y selecciona, dentro de cada uno, aquellos datos, hechos o elementos que aporten información importante, aunque estén dentro de una oración secundaria.

3. No enjuicies lo dicho en el texto de referencia. Solo copia literalmente lo que marcaste con el resaltador.

La técnica de parafrasear un texto

Redactar una paráfrasis significa reescribir con tus palabras un texto escrito por otro autor.

Esta técnica facilita la comprensión del tema tratado y te obliga a ampliar el léxico.

Pasos para realizarla:

- Haz una lectura analítica del texto para familiarizarte con los conceptos y para entender el contenido; descubre su mensaje y reelabóralo con fidelidad.

- Subraya las ideas principales para después reproducirlas en una versión personal tuya.

- Explícalas con ideas parecidas, usa sinónimos. Céntrate en reproducir las ideas centrales del texto y no emitas opiniones, ya que tu objetivo es redactar, en forma breve, tu propia versión del escrito de otra persona.

Ejercicio: resumir

Resume el siguiente texto:

Resacas, mareas y gaviotas: el impacto cultural de los cruceros turísticos

El acto de viajar ha sido crucial en el devenir de la sociedad humana desde sus orígenes. Primero, para buscar fuentes de alimentos en territorios de caza o pesca; para asentarse en nuevos territorios agrícolas. Después, tras el surgimiento del Estado, para conquistar reinados, constituir imperios o escapar de éstos. Modernamente, para satisfacer la curiosidad científica o divertirse.

Pero siempre el viaje como leitmotiv en el destino de la especie humana. Y el viaje hizo de la historia de los cruceros una historia de migraciones y de transculturación; también una historia de pasiones naufragadas, de romances temporales y de amores encontrados.

La idea de organizar el primer crucero surge en Alemania, según constata una carta fechada y publicada en enero de 1845, donde se convocaba a participar en un crucero con un extenso itinerario que, partiendo del puerto de Hamburgo y regresando a él, visitaría ciudades como Lisboa, Río de Janeiro, Hong Kong, Manila, Singapur y otras.

Se condicionaba la admisión al estatus social de las personas, que debían poseer buena educación, conocimientos científicos y una reputación intachable.

Finalizaba explicando que durante el viaje los pasajeros se encontrarían rodeados de un distinguido ambiente y disfrutarían del placer de la compañía de personas de gran cultura y refinamiento, teniendo oportunidades de adquirir conocimientos de primera mano de las maravillas del mundo y paisajes de los más remotos países.

Aunque hoy solo basta poseer una tarjeta de crédito de amplia cobertura para abordar un crucero, el espíritu de intercambio cultural, tanto durante la travesía como al visitar cada destino, constituye quizás la principal motivación de los cruceristas.

Al comenzar el siglo XXI, cuando transcurre un proceso mundial de migraciones nunca antes visto, de globalización del conocimiento y de la cultura; cuando las modernas tecnologías de la comunicación facilitan que se aproximen los estados nacionales y los individuos, los turistas tienen la oportunidad de conocer previamente informaciones acerca de los destinos elegidos para sus viajes de recreo. Esta realidad era impensable cuando el referido armador de Hamburgo convocó su crucero para científicos curiosos.

Los cruceros contemporáneos transportan conglomerados multiculturales, pues sus tripulaciones y sus pasajeros provienen de cualquier región del mundo, llevando también como equipaje sus lenguas, sus músicas y sus filosofías de la vida. Durante la travesía comparten sus ideas, su folklore y sus sentimientos expresados en las melodías de una canción. Así viajan el tango y el bolero junto al jazz, al bossa-nova y al merengue, alegrando los corazones de los visitantes mientras esperan el arribo a puerto.

Y al caminar por las ciudades es donde los viajeros pueden constatar cualquier patrimonio arquitectónico o monumental, donde sienten clima y olores, donde pueden degustar y compartir el calor humano de sus habitantes nacionales. Donde hacen amistades, se retratan y donde tal vez encuentren la felicidad.

La historia de los cruceros, pioneros flotantes del turismo en masa, es en síntesis una historia de intercambio cultural donde visitantes y anfitriones se quedan con un pedazo del mundo para incorporarlo a su experiencia y a su memoria. (*E. Soldevilla*)

Ejercicio: parafrasear

Reescribe el siguiente fragmento con tus propias palabras, pero sin que cambie la idea central del texto de referencia:

En este diseño de institucionalidad y transparencia se legitima la independencia financiera del poder judicial, así como la creación del departamento contra la corrupción administrativa, aspectos de todo un conjunto armonizado que va configurando el nuevo sistema operativo de la democracia moderna, convirtiéndose en un "Windows" sociopolítico del siglo XXI.

Sin dudas ese proceso se hace más viable cuando se redefine y moderniza el marco jurídico del Estado, pero la batalla que permitirá el verdadero salto cualitativo hacia el desarrollo nacional dominicano debe ser librada en la mentalidad de la gente, lo cual constituye un desafío para los medios de prensa, para las instituciones de enseñanza y para las organizaciones de la sociedad civil, al convertirse éstos en protagonistas naturales del impostergable proceso de cambio cultural, porque si bien una modificación formal de las reglas del juego contribuye a que cambien algunas maneras de jugar, el objetivo supremo es crear una congruencia entre esas nuevas reglas y la conciencia transformadora de *la actitud* de los jugadores.

Ejercicio: ampliación de vocabulario

Escribe sinónimos de: enjuto, atisbar, velado, críptico, lúgubre. Úsalos en un texto creado por ti.

Escribe antónimos de: peor, alterado, inverosímil, veraz, genuino. Úsalos en un texto creado por ti.

Ejercicio: lógica expositiva

Ordena las oraciones del siguiente párrafo según su secuencia lógica:

Por eso hoy, en este "ahora" con que se inicia el siglo XXI, deseamos replantear el asunto de *lo moderno* para definir sus trazos diferenciadores de lo que fuera la modernidad anterior, envejecida por el uso y abuso de la convivencia humana. Las generaciones se han sentido protagonistas de un cambio cuantitativo o cualitativo que aporta el rasgo distintivo del "ahora", superador de un "ayer" que impide el progreso. En cada época de la historia la gente ha experimentado una sensación de modernidad respecto del tiempo dejado atrás.

4. MODALIDADES DE COMUNICACIÓN EJECUTIVA

El informe

Los informes son plataformas de comunicación usadas para trasladar información de diversa índole, ya sea referida a un suceso o relativa a los resultados parciales o totales de una investigación científica.

En su formato ordinario debe presentar la siguiente estructura:

Título: Debe reflejar el tema central tratado en el informe. Se redacta al concluir el cuerpo del trabajo.

Introducción: De manera breve y concisa, se informa acerca de lo que dijiste en el desarrollo y explicas o justificas por qué es necesario tratar dicho asunto. Se redacta después de escribir las conclusiones.

Cuerpo o desarrollo: Se exponen los hechos concretos, se explica, se describe, se narran sucesos o se argumenta sobre el asunto tratado. Es lo primero que se redacta.

Conclusión: Se resumen los aspectos más importantes del desarrollo y pueden hacerse recomendaciones. Se redacta al concluir el cuerpo del trabajo.

Bibliografía o fuentes consultadas: Se colocan en orden alfabético a partir del primer apellido del autor. Ejemplos:

- ✓ Si es un libro, según el modelo APA se cita así:

Rodríguez, R. (1974). *El lenguaje de los comics*. Barcelona: Ediciones Península.

- ✓ Si son más de dos autores suele citarse así:

Rodríguez, R. y otros (1974). *El lenguaje de los comics*. Barcelona: Ediciones Península.

- ✓ Si es un artículo que un autor publicó en un periódico o en una revista, el título de su trabajo se pone entre comillas. Ejemplo:

Rodríguez, R. "El lenguaje de los comics". Diario *El País*. Madrid, 15 de enero del 2008.

- ✓ Si la consulta fue realizada en una página de Internet se cita así:

Rodríguez, R. "El lenguaje de los comics". En:

www.rincondelvago.com/loscomics.html

Anexos: Se agregan al final del texto. Si hay más de uno se numeran en orden consecutivo.

Forma básica de presentar un informe:

1- Escrito en computadora y encuadernado.
2 -Tamaño de hojas: 8.5" x 11" (tipo carta).
3-Tipo de letra Arial, tamaño 12, espaciado interlineal a 1.5 y con párrafos "justificados".

4- En una hoja de portada, antes del informe, escribir el nombre, apellidos y cargo del autor. También el título del informe, la fecha de realización del mismo y el nombre de la institución del autor.

La carta comercial

Una carta comercial es otra plataforma textual usada para comunicar algo de naturaleza *no familiar*, por lo cual debes seguir la siguiente estructura:

Santo Domingo, 10 de septiembre del 2010
(***Ciudad, día, mes y año***)

Dr. Roberto Clark   (***título, nombre y apellido***)

Director   (***posición en su empresa***)
Laboratorio Merck   (***nombre de la empresa***)

Estimado Dr. Clark: (***saludo formal***)

Por medio de la presente tengo a bien solicitarle el envío del catálogo de medicamentos de su empresa, a fin de incorporarlo a nuestro banco de proveedores.
(***Cuerpo del mensaje***)

En espera de su amable atención se despide,

(*Frase de despedida*)

Atentamente,   (*saludo de despedida*)

(*Firma manuscrita*)

Dr. Marcos Rivera (*título, nombre y apellido*)
Director   (*tu cargo*)
Hospital Quirúrgico del Norte (*tu empresa*)

Ejercicio: redactar

Redacta una carta solicitando empleo y otra ofreciendo un servicio.

El memorándum

El memorándum es un modelo de documento escrito utilizado entre áreas de una institución para enviar informaciones administrativas diversas, pero breves (instrucciones, disposiciones, etc.). Su formato más común es como el del siguiente ejemplo:

Memorándum

FECHA: 20 de septiembre del 2010

A: Jefes de departamento.

DE: Presidencia del Consejo Administrativo.

ASUNTO: Convocatoria a reunión.

Por este medio se les convoca a la reunión extraordinaria que tendrá lugar en el auditorio No. 1 de nuestra empresa, mañana martes 22 a las 9:00AM.   (***Mensaje***)

(***Firma manuscrita***)

Nombre y apellidos del emisor
Cargo del emisor

Ejercicio: redactar

Escribe un memorándum

5. MODALIDADES DE COMUNICACIÓN ACADÉMICA

El ensayo

El ensayo es, por excelencia, un género de pensamiento. Se caracteriza por ser una breve composición escrita en la cual un autor expone *sus reflexiones personales* sobre un tema.

Su intención comunicativa es *persuadir* y puede abordar cualquier campo de la ciencia, de la tecnología, la política, la literatura, la economía y la cultura en general.

Un ensayo no obliga a su autor a llegar a resultados concluyentes como lo exigiría una investigación científica, ya que es un género que permite exponer reflexiones subjetivas acerca de un tema, *a modo de aproximación*, sin pretender agotarlo en todos sus aspectos.

Su estructura:

Título. Debe reflejar el tema nuclear de tu exposición.

Introducción. Aquí presentas el tema al lector. Puedes también destacar la importancia que tiene abordar el tema y los objetivos que pretendes lograr con tu exposición.

Desarrollo. Aquí vas exponiendo en detalles todas tus opiniones acerca del tema. Cada idea o argumento los escribes en un párrafo independiente.

Conclusión. Aquí produces el cierre de tu exposición, volviendo a destacar, en esencia, las ideas más importantes. Trata de aportar algún aspecto nuevo sobre el tema.

La tesis de grado

Una tesis de grado es un tipo de informe cuya finalidad es demostrarle al jurado docente tu dominio sobre:

1- el procedimiento científico de investigación que empleaste;

2- tu conocimiento acerca del tema;

3- tu capacidad de resolver el problema de investigación que te planteaste.

Estructura frecuentemente utilizada:

Hoja de portada. Debe consignar: Título del trabajo. Datos del autor, institución a la que pertenece, grado por el que opta, nombre del tutor y fecha de realización.

Un resumen o abstract. Es una exposición clara y concisa del problema que trata la tesis, de la metodología empleada y de los resultados obtenidos.

Hoja de agradecimientos. Se acostumbra a incluir una página de agradecimientos a quienes han ayudado al autor a elaborar su tesis.

Página de Índice. Aquí debes hacer corresponder el título de cada capítulo, y de los epígrafes, con el número de página respectivo dentro del texto.

INTRODUCCIÓN: Explica, de manera general, los aspectos esenciales del asunto tratado y las motivaciones que te impulsaron a elegir el tema de investigación. Informa al lector acerca del problema, de sus principales interrogantes; informa qué propósitos persigues con tu investigación y el contexto general de la misma (dónde y cómo se realizó), así como la estructura de su ordenamiento en capítulos. Destaca la importancia y actualidad del tema para la sociedad o para la universidad. Se redacta con verbos en presente.

CAPÍTULO 1. PLANTEAMIENTO DEL PROBLEMA: En este capítulo hay que desglosar dos epígrafes: *Enunciar el Problema* y *Formular el problema*.

Enunciar el problema: consiste *en presentar una descripción general de la situación a investigar*; significa describir lo que quieres resolver.

Formular el problema: consiste *en expresar, a través de preguntas, el problema a investigar.* Las preguntas de la investigación son guías para el proceso investigativo y sus respuestas marcarán el carácter cualitativo o cuantitativo de la misma.

Justificación de la investigación: Se redacta en presente. Aquí se dan a conocer los criterios que explican la necesidad de abordar el tema escogido. Los autores Roberto Hernández Sampieri, Mari Rosa Berganza Conde y César Augusto Bernal, señalan los siguientes aspectos a justificar: *la conveniencia, la proyección social, las implicaciones prácticas, el aporte teórico* y *el aporte metodológico.*

La conveniencia: permite explicar para qué sirve, qué utilidad tiene. Por ejemplo, el autor puede explicar que es conveniente realizar una revisión teórica o metodológica de algún tema o describir determinados hechos o fenómenos.

La proyección social: si los resultados de esta investigación son de interés o de utilidad para la sociedad, para el grupo o para la institución a la cual se refiere.

Las implicaciones prácticas: cuando una investigación se propone entre sus objetivos ofrecer soluciones a problemas de la sociedad, de una institución o de un problema teórico, tiene implicaciones prácticas.

El aporte teórico: cuando los resultados obtenidos de una investigación enriquecen el acervo teórico y científico del campo en el que se ubica el problema de la investigación, hay aporte en el plano teórico. También hay aporte cuando en el plano teórico se arriba a reflexiones que enriquecen o modifican conceptos científicos, o cuando desde la aplicación práctica se proponen, enriquecen o modifican conceptos teóricos. Igualmente, si el propósito de la investigación es generar reflexión y debate académico.

El aporte metodológico: si la investigación contribuye desde su diseño metodológico a presentar formas diferentes de abordar un problema de investigación. Cuando presenta formas novedosas de abordar un problema, propone nuevos y diferentes métodos e instrumentos de investigación.

Aunque se proponen diferentes criterios de justificación de una investigación, los investigadores pueden emplear solamente alguno de ellos, según sus propósitos, o añadir algún criterio que aunque no aparezca propuesto se aviene y permite justificar su estudio.

Una vez planteada la justificación de la investigación, conviene precisar sus límites, estos son:

Limitación en el tiempo: determinar el periodo dentro del cual se va a realizar el estudio o la investigación.

Limitaciones de espacio o territorio: delimitarlo geográficamente, en una ciudad, en una zona de una ciudad, una región, un país, en una institución, en una escuela, etc.

CAPÍTULO 2. LOS OBJETIVOS DE LA INVESTIGACIÓN: Los objetivos o propósitos te permiten declarar lo que pretendes lograr en tu investigación y están estrechamente relacionados con el problema de la investigación. Marcan aquello que deseas alcanzar en la investigación para dar respuesta a las interrogantes de la misma, por ello deben reflejar acción (lo que quieres hacer), de ahí que su redacción se realiza a partir de verbos en infinitivo. Los objetivos deben ser claros y precisos y estar presentes en todo el proceso de la investigación; es decir, el desarrollo de la investigación estará guiado por el cumplimiento de sus objetivos. Se dividen en:

Objetivo general: Refleja la esencia del planteamiento del problema. Es el objetivo de más amplio alcance.

Objetivos específicos: "Los objetivos específicos se desprenden del general y deben ser formulados de manera que indiquen que están orientados al logro del objetivo general; es decir, que cada objetivo específico está diseñado para lograr un aspecto de aquel, y todos en su conjunto, a la totalidad del objetivo general". (César Augusto Bernal. *Metodología de la Investigación para la administración y economía*, 2000:95).

HIPÓTESIS: La hipótesis constituye una respuesta anticipada a las preguntas de la investigación; plantea una relación entre variables y está muy relacionada con los objetivos de la investigación. La hipótesis debe reflejar la teoría en la cual se basa la investigación.

Según Hernández Sampieri (*Metodología de la Investigación*, 2003:140): "Las hipótesis indican lo que estamos buscando o tratando de probar y se definen como explicaciones tentativas del fenómeno investigado formuladas a manera de proposiciones". Entre las características que deben tener las hipótesis, según el mencionado autor, están las siguientes:

Las hipótesis deben referirse a una situación social real.

Los términos de las hipótesis deben ser comprensibles, precisos y lo más concretos posibles.

La relación entre variables propuesta por una hipótesis debe ser clara y verosímil (lógica).

Los términos de la hipótesis y la relación apreciada entre las variables, deben ser observables y medibles.

Las hipótesis deben estar relacionadas con técnicas disponibles para probarlas.

Cabe señalar que no todos los tipos de investigación requieren de la elaboración de una hipótesis, como es el caso de las investigaciones cualitativas. Existen diferentes tipos de hipótesis que un tutor, conjuntamente con el autor, deberá de señalar e identificar según sea el tipo de estudio.

Las variables: Las variables son atributos, características, propiedades o cualidades de un individuo, de un grupo social o características que pueden predisponer una conducta o fenómeno social o natural. Las variables son de diferentes tipos y las más conocidas y usadas son *la variable dependiente* y *la variable independiente*. La variable independiente es la que el investigador considera que es la causante de su problema de investigación, en este caso, es la que el investigador manipula para probar su efecto. La variable dependiente "depende" de la variable independiente, pues sobre ella recaen los efectos de la independiente. Por ejemplo, si queremos probar varios métodos para la enseñanza de la lectura, los métodos serán la variable independiente y el índice académico, la comprensión de la lectura, la interpretación del texto, constituyen las variables dependientes. Las variables están estrechamente relacionadas con la hipótesis, ya que la misma supone una relación entre variables.

CAPÍTULO 3. DISEÑO DE LA INVESTIGACIÓN: Una vez definido el problema de investigación, sus interrogantes, los objetivos (y la hipótesis, si tu tesis plantea hipótesis) se procede a diseñar el método y el procedimiento a seguir para darles respuesta a las interrogantes del problema, alcanzar los objetivos e intentar probar la hipótesis. Para ello es necesario definir el universo o población con la cual se va a trabajar; definir la muestra que debe ser representativa de dicho universo; definir los procedimientos y técnicas de recopilación de datos e información para darle curso a nuestros pasos del proceso investigativo.

Según sean los propósitos de la investigación podremos concretar *el tipo de estudio a realizar*: *descriptivos*, *correlacionales*, *exploratorios* y *explicativos*.

Exploratorios: nos permite familiarizarnos con un tema desconocido, novedoso o escasamente estudiado. Suelen ser el punto de partida para estudios posteriores.

Descriptivos: sirven para analizar cómo es y cómo se manifiesta un fenómeno y sus componentes. Permite detallar el fenómeno estudiando básicamente a través de la medición de uno o más de sus atributos.

Correlacionales: intentan descubrir cómo se relacionan varios fenómenos entre sí, o si por el contrario no existe relación entre ellos. Además, saber cómo se puede comportar una variable (se evalúa el grado de relación entre las variables).

Explicativos: buscan encontrar las razones o causas que ocasionan ciertos fenómenos. Su objetivo último es explicar por qué ocurre un fenómeno y en cuáles o bajo qué condiciones se da.

Los diseños pueden ser *No experimentales* cuando se llevan a cabo sin manipulación de variables. Son *Experimentales* cuando en el estudio o la investigación se manipulan deliberadamente una o más variables dependientes, dentro de una situación de control para el investigador.

Entre los procedimientos y técnicas para recopilar información y datos para una investigación podemos citar:

La observación.
La entrevista.
Las encuestas.
Los cuestionarios.
Escalas para medir las actitudes (La escala de Likert, entre otros).

El procedimiento metodológico dependerá del problema de la investigación, de sus objetivos e hipótesis, y también del tipo de informaron que se requiera para conseguir un enfoque cualitativo, un enfoque cuantitativo o un enfoque mixto. Estos enfoques determinarán los instrumentos y técnicas a emplear por el investigador.

CAPÍTULO 4. MARCO TEÓRICO-CONCEPTUAL:

Se redacta en presente. El Marco Teórico conceptual le proporciona a la investigación un sistema coherente de conceptos y teorías que avalan y fundamentan su trabajo. Permite situar al problema de la investigación dentro de un conjunto de conocimientos y postulados que favorece el curso del desarrollo del pensamiento del investigador. Ubica al lector en el conocimiento previo acerca del problema, de otros estudios, teorías y conceptos con los cuales se identifica el investigador o con los que pudiera discrepar. Algunos investigadores ubican el Marco Teórico-Conceptual antes de presentar el diseño metodológico; por nuestra parte consideramos que su ubicación puede depender de lo que la lógica del investigador sugiera.

El Marco Teórico Conceptual incluye:

Los antecedentes: toda información existente relativa al tema a investigar, libros, obras de arte, artículos, otros estudios o investigaciones, teorías.

Bases teóricas: teorías y postulados que pueden sustentar o fundamentar nuestro estudio, su problema de investigación y facilitan su interpretación y comprensión.

Definición de términos básicos: el investigador debe dar a conocer los conceptos fundamentales que guiarán su investigación, este elemento es fundamental para que el lector reconozca e identifique cuáles son los conceptos empleados, sus definiciones y las teorías que los sustentan.

Según Ander Egge, mencionado por Ma. Rosa Berganza Conde (*Investigar en Comunicación*, 2003:52): "para que un concepto se considere científico debe cumplir con los siguientes requisitos:

Acuerdo básico acerca de lo que significa.

Estar definido con precisión el alcance que se le quiere dar en la investigación.

Pertenecer a alguna teoría que, como contexto denotativo, orienta semánticamente su significado y lo hace teóricamente relevante.

En otras palabras, si en un trabajo de psicología uno de los conceptos a trabajar es el de autoestima, debemos dejar claro en el Marco Teórico- Conceptual en cuál de las varias nociones de autoestima vamos a basar nuestro estudio, a cuál corriente psicológica pertenece y, de ser posible, mencionar a su autor.

Cuerpo del trabajo: En este acápite *se organiza la investigación en diferentes capítulos*, a través de los cuales deberá presentarse el desarrollo del proceso de la investigación. En el cuerpo del trabajo se emplean los argumentos para fundamentar los resultados de la investigación y demostrar los puntos de vista que el autor sostiene.

CONCLUSIÓN: Aquí se resumen las reflexiones más relevantes que resultaron del proceso investigativo. Se mencionan los puntos de vista que aportan algo nuevo sobre el tema tratado o que rechazan tesis o postulados anteriores sobre el mismo asunto que fue objeto de la investigación.

RECOMENDACIONES: Son propuestas que los autores hacen sobre algún aspecto del asunto investigado que considere de utilidad para la comunidad científica o para la institución donde se llevó a cabo la investigación.

BIBLIOGRAFÍA. La lista se ordena alfabéticamente a partir del primer apellido del autor (ver detalles en "utilidades de redacción" del capítulo final).

ANEXOS. Si hay más de uno se enumeran en orden consecutivo.

El artículo científico

Es un artículo concebido para ser publicado en una revista científica indexada. Los temas deben ser abordados con rigor. Su estructura completa suele ser la siguiente:

Título. Debe reflejar con precisión el tema del artículo y ser corto.

Sumario o resumen. Debe informar, con brevedad, los datos académicos del autor y reflejar el alcance, los límites y los aspectos novedosos que se exponen en el desarrollo.

Introducción. Debes justificar que lo expuesto en el artículo es relevante y no repetir el enfoque que otro autor le dio al tema.

Fundamento teórico. Este epígrafe solo se pone si el artículo es teórico y generaliza conceptos que pudieran considerarse aportes novedosos al tema tratado.

Materiales y métodos. Dependiendo del campo científico, aquí se describe el tipo de materiales, de instrumentos y métodos utilizados, para que los investigadores interesados puedan verificar los resultados.

Resultados. Aquí se explican los resultados obtenidos en la investigación.

Discusión. Aquí expones el análisis crítico y argumentado de los resultados propios indicando: límites de validez de esos resultados; comparación con los resultados de otros (concordancia o discrepancia); información adicional que sugieren estos resultados; proposición de mecanismos que expliquen el porqué de estos resultados (por ej. si están acordes o no a las teorías establecidas reconocidas). De no estarlo, proporcionar una o más posibles explicaciones a verificar posteriormente, etc. En cada caso, indicar las referencias.

Conclusiones. Se destacan brevemente los aspectos más importantes de los resultados, reforzando aquellos que quedaron demostrados en tu argumentación. Puedes recomendar alguna línea de investigación futura.

Bibliografía. La lista de fuentes consultadas se escribe como se indica en el capítulo 4, al explicar la estructura de un informe.

La monografía

Es la investigación pormenorizada de un tema específico: sobre un país, una ciencia o cualquier campo del saber. Su estructura es la siguiente:

Portada: Título (subtítulo si lo tiene), datos del autor, institución a la que pertenece y fecha.

Índice general: Haces corresponder los capítulos y epígrafes con la página del texto donde el lector los puede localizar.

Lista de tablas y figuras: Si el texto las incluye, señalas las páginas donde ubicarlas.

Introducción: La introducción sirve para informar al lector sobre los antecedentes del tema del trabajo, la importancia del mismo y el alcance y los límites de tu investigación.

Glosario: Es una lista de definiciones de términos o conceptos utilizados en tu investigación.

Cuerpo de la obra o desarrollo: Es la parte donde desarrollas tu exposición y argumentas acerca de tus opiniones en torno al asunto tratado. Suele dividirse en capítulos y epígrafes.

Conclusiones: Aquí destacas de modo sintético las ideas más relevantes, reafirmas tu tesis y puedes hacer sugerencias para que otros continúen investigando aspectos relacionados con el tema.

Bibliografía: Aquí elaboras la lista de fuentes consultadas. Se escriben como se explicó en el capítulo 4, en la estructura de un informe.

Anexos: Se agregan al final del texto. Si hay más de uno se numeran en orden consecutivo.

6. MODALIDADES DE COMUNICACIÓN ESTÉTICA

El texto narrativo

Narrar es *relatar un suceso o una secuencia de hechos* vividos por personajes, reales o imaginarios, en un tiempo y en un lugar determinado.

Los textos narrativos suelen ser clasificados como obras *de ficción* (la novela, el cuento, el mito, la leyenda y la fábula) y *de no ficción* (los textos de historia, biografías, autobiografías, memorias, las crónicas y reportajes periodísticos, etc.).

La narración de ficción y sus elementos constituyentes:

El tema. Es el *asunto* o *argumento* de una narración. Responde a la pregunta: ¿De qué trata esta historia?

El narrador. Es *"la voz" que cuenta la historia* mediante las acciones de los personajes y deja entrever los motivos de éstos para actuar de determinada manera; los describe a ellos, al ambiente psicológico, a los objetos y al entorno geográfico; introduce los diálogos entre personajes y conduce progresivamente toda la trama. Puede narrar en primera, en segunda o en tercera persona gramatical, y su punto de vista puede ser objetivo (solo cuenta lo que observa) u omnisciente (penetra en los pensamientos de los personajes, anticipa sus conductas, etc.).

Los personajes. Son los "actores" de una historia. Pueden ser personas, animales u objetos "personificados" que sienten y actúan como seres humanos. Cuando son bien construidos por un autor de una obra de ficción encarnan virtudes, defectos o valores sociales, como si fueran verdaderos. Se clasifican en principales (protagonista y antagonista) y secundarios.

Las acciones. Ensamblan la trama narrativa. El "motor" o "resorte" que impulsa la actuación de cada personaje se llama *motivo*. A la vez, el actuar de los personajes origina *conflictos* entre ellos, y dichos conflictos suelen ser resueltos en el desenlace de la historia. Todos estos elementos conforman la trama de la obra, por lo cual están estrechamente relacionados.

La trama. Es *el conjunto de acciones de los personajes, estructuradas bajo el principio de causa-consecuencias-desenlace*.

El tiempo. Es *el lapso de duración de los sucesos contados*. Por otra parte, el narrador puede manejar la secuencia temporal de los acontecimientos bajo tres criterios:

En sucesión lineal (cronológica): Del pasado al presente.

En retrospectiva: Del presente al pasado.

En alternancia: Combinando las anteriores mediante el recurso de la retrospectiva.

Puede también anticipar hechos que ocurrirán en momentos posteriores de la trama.

El espacio. Es *el lugar o los lugares* donde transcurren los hechos narrados.

El marco de la historia. Es *el contexto histórico social* en que se desarrollan los acontecimientos de una obra.

Nota: Hay relatos en que no aparecen descripciones ni diálogos. Pero debe tenerse en cuenta que las descripciones ofrecen información sobre muchos aspectos. Por su parte, los diálogos entre personajes permiten que el lector aprecie sus sentimientos y los perciba como verosímiles. Ambos elementos le confieren colorido a una narración.

Si narras un cuento, céntrate en la actuación del personaje principal y en sus motivos y conflictos, confiriéndole intensidad al relato hasta lograr el desenlace. Describe lo esencial y con precisión; los diálogos deben ser muy puntuales para evitar que decaiga el ritmo que le da intensidad al relato.

Si narras una novela tienes más tiempo para desarrollar los caracteres de los personajes principales y para describir con profundidad el contexto en que desarrollan sus acciones.

El guión literario para cine

Un guión, como su mismo nombre sugiere, es *un "texto-guía" que establece la manera de narrar cinematográficamente una historia real o de ficción*. El guión indica el momento en que debe aparecer la acción y los diálogos de los personajes, así como las descripciones del lugar donde transcurrirá dicha historia. En ese sentido funciona como un texto "instruccional".

Su estructura

Un guión debe tener el título de la obra y el nombre del autor. Debes organizar el texto en *secuencias* numeradas que indiquen el lugar y el ambiente en que se va a filmar. La secuencia se subdivide en *escenas* numeradas que señalan la filmación en cada locación concreta y qué deben hacer los personajes. El formato suele ser así:

Título de la obra.
Nombre y apellidos del autor.

SECUENCIA 1. Islote de una laguna. Interior de una tienda de campaña. Día. Esto indica que se tiene que filmar en el interior de una tienda de campaña, y que es de día.

ESCENA 1. Aquí describes cómo es la acción y destacas los diálogos entre personajes.

Cada vez que cambie el horario (noche-tarde) o el escenario (locación) donde haya que filmar una escena, debes escribir una nueva secuencia con sus correspondientes escenas.

Pasos para escribirlo:

Realiza una investigación, que consiste en documentarte acerca del tema. Este proceso puede incluir entrevistas a expertos o a testigos del suceso que dará pie a la trama de la obra.

Determina cuál será tu tesis (el punto que desde vista que adoptas) sobre el asunto abordado en el filme.

Redacta brevemente el argumento de tu historia (una sinopsis) como si le contaras a alguien una película.

Construye la estructura dramática *a partir de los motivos que impulsan a los personajes principales a interactuar en su contexto histórico y geográfico*. Para lograr esto toma en cuenta los elementos del texto narrativo explicados anteriormente (capítulo

Para iniciar tu historia apóyate en un "detonador" que desencadene el actuar de los personajes y que, a la vez, "enganche" el interés del espectador.

Revisa, corrige y, finalmente, pasa en limpio tu texto definitivo.

7. MODALIDADES DE COMUNICACIÓN PERIODÍSTICA

La noticia. Es *el relato breve de un suceso inesperado, de interés público*. Su contenido debe responder a las preguntas siguientes: ¿Qué sucedió?, ¿A quién le sucedió? o ¿Quién lo provocó?, ¿Cuándo sucedió?, ¿Dónde sucedió?, ¿Por qué sucedió?, ¿Cómo sucedió? El redactor destacará en primer plano las respuestas a las cuatro primeras preguntas, que informan lo más importante. No enjuicia ni comenta el hecho, sino lo expone con objetividad.

El editorial. Es un artículo de opinión que intenta explicar las causas o las consecuencias de un hecho que tiene actualidad y relevancia social. En su elaboración predomina la función argumentativa. Se redacta de forma impersonal, sin firma del autor, ya que refleja la postura del medio de prensa respecto del acontecimiento comentado.

El artículo. Es un escrito firmado por el autor, donde expone su punto de vista personal acerca de un acontecimiento o de un tema específico. También puede concebirse un artículo cuya finalidad sea eminentemente informativa, sin que se comprometa del todo la subjetividad del autor.

El reportaje. Es un texto híbrido en que las opiniones propias del redactor se combinan con la narración noticiosa, con el enfoque de la crónica y, a veces, con la entrevista.

La crónica. En ella los hechos son narrados en el mismo orden temporal en que sucedieron de manera objetiva. Sus temas posibles son diversos: desde la vida de una persona hasta la evolución de una ciudad.

La entrevista. Es un diálogo escrito donde se alternan *las preguntas del entrevistador* y *las correspondientes respuestas de su entrevistado*. Suele tener una breve introducción que informe al público los aspectos más relevantes del currículo de la persona entrevistada. Una buena entrevista necesita ser concertada y planificada (estructurada), para lo cual el entrevistador debe estudiar profundamente los temas que conversará con el entrevistado, así como de los datos profesionales más relevantes de éste. Su éxito depende de que el protagonismo sea del entrevistado.

8. COMIENZA A ESCRIBIR

Todo trabajo escrito parte de una *idea*, de la reflexión en torno a algún asunto que le llama la atención al escritor. Una vez "madurada" esa idea, se sistematiza. Es común emprender el siguiente camino:

Paso 1: Documéntate bien sobre el tema del que vas a escribir. Busca fuentes en Internet y en bibliotecas. Lee, interpreta, reflexiona y escribe fichas del contenido de cada fuente consultada por ti. Anota el nombre del autor y los datos de cada libro o artículo; escribe citas de las ideas expresadas por ellos.

Paso 2: Define la modalidad comunicativa que permita un mejor desarrollo del tema. Determina el tipo de público al cual deseas dirigir tu escrito, pues esto te permite ajustar el lenguaje a su nivel de comprensión.

Paso 3: Haz una lista *de tus ideas propias acerca del tema*. Luego las ordenas según la importancia que quieres darle en tu texto.

Paso 4: Comienza a desarrollar cada idea seleccionada. Dedícale un párrafo a cada idea importante. Para esto debes ir respondiendo por escrito algunas preguntas que te formulas mentalmente. Al hacerlo así empiezas poco a poco a desarrollar lo que deseas escribir. Céntrate en las preguntas y solo escribe sus respuestas.

Paso 5: Revisa críticamente tu texto como si fueras el lector, corrige, sustituye términos e ideas redundantes, amplía o elimina algún aspecto si es necesario; pasa en limpio la versión final.

Forma básica de presentar un texto escrito:

Digitado en computadora y encuadernado.

Tamaño de hojas: 8.5" x 11".

Tipo de letra: Arial, tamaño 12.

Espacio interlineal: 1.5 ó 2.0, y párrafos en bloque ("justificados").

9. UTILIDADES DE REDACCIÓN

LA CONCORDANCIA GRAMATICAL

Al expresarte debes cuidar la concordancia de género (masculino o femenino) y de número (singular o plural) entre el artículo, el sustantivo y el adjetivo. Ejemplos: L*a* niñ*a* aplicad*a* (femenino-singular); La*s* niña*s* aplicada*s* (femenino-plural).

Entre el sujeto y el verbo de una oración también debe respetarse la concordancia, que en estos casos es solo de número y persona gramatical. Ejemplo: La*s* niña*s* aplicada*s* fuero*n* al parque.

CÓMO CITAR CORRECTAMENTE LO DICHO POR OTRO AUTOR

Según afirmara Raúl Rodríguez (1974: 35): "La fibra de carbono es tan fuerte como el acero". (Cita directa o textual, siempre entre comillas).

Raúl Rodríguez (1974: 35) dice **que** la fibra de carbono es tan fuerte como el acero. (Cita no textual o indirecta, introducida por la partícula *que*). En este caso no lleva comillas.

En los textos que obligatoriamente lleven lista bibliográfica las citas deben referir el apellido del autor y el año de publicación del trabajo de donde fue tomada. Por ejemplo, si en el listado bibliográfico aparece **Rodríguez, R. (1974).** *El lenguaje de los comics.* **Barcelona: Ediciones Península**, al citar a dicho autor debes hacerlo así: "Los comics alcanzaron volúmenes de venta millonarios a partir del surgimiento de nuevos súper héroes, como el Hombre Araña" (Rodríguez, R. 1974).

CÓMO CREAR CORRECTAMENTE UNA LISTA BIBLIOGRÁFICA

Si es un libro, según el modelo APA se cita así:

Rodríguez, R. (1974). *El lenguaje de los comics*. Barcelona: Ediciones Península.

Si son más de dos autores suele citarse así:

Rodríguez, R. y otros (1974). *El lenguaje de los comics*. Barcelona: Ediciones Península.

Si es un artículo que un autor publicó en un periódico o en una revista, el título de su trabajo se pone entre comillas. Ejemplo:

Rodríguez, R. "El lenguaje de los comics". Diario *El País*. Madrid, 15 de enero del 2008.

Si la consulta fue realizada en una página de Internet se cita así:

Rodríguez, R. "El lenguaje de los comics". En:

www.rincondelvago.com/loscomics.html

SIGNIFICADOS CONTEXTUALES DE ALGUNAS PREPOSICIONES

Las preposiciones del idioma español son las siguientes: *a, ante, bajo, cabe, con, contra, de, desde, en, entre, hacia, hasta, para, por, según, sin, so, sobre, tras*. Abajo hay ejemplos del significado contextual que ellas introducen en la comunicación:

LA PREPOSICIÓN *A*

En dependencia del contexto comunicativo en que aparezca puede introducir el sentido de: dirección, tiempo, distancia, modo, sentido imperativo; también se usa para introducir el complemento directo o el complemento indirecto.

Complemento directo: Alimentó *a* los gatos.

Complemento indirecto: Ofreció su abrigo *a* la dama friolenta.

Dirección: Al final *a* la izquierda.

Distancia: El pueblo queda *a* veinte kilómetros.

Lugar: Llegaron *a* la tienda.

Modo: Bateó *a* la zurda.

Tiempo: Llegaré *a* las cinco de la tarde.

LA PREPOSICIÓN *ANTE*

En dependencia del contexto comunicativo en que aparezca puede introducir el sentido de localización espacial y equivale a *"frente a"*. También puede significar *"primero que todo"*.

Ante tal actitud me fui a casa.

Nos congregaremos *ante* el palacio presidencial.

Te pido *ante* todo que estudies mucho.

LA PREPOSICIÓN *CON*

Indica, según el contexto en que sea empleada:

Adición: Une estos números *con* esas figuras.

Causa: Está ilusionado *con* su libro.

Choque: La guagua chocó *con* un tren.

Compañía: Fuimos al teatro *con* Melba.

Comparación: Mi casa es pequeña comparada *con* la del gobernador.

Consecuencia: Se vio la película *con* interés.

Instrumento: Escribiste eso *con* pluma de fuente.

Modo: Pienso en ella *con* dulzura.

Posesión: Una casa *con* patio interior.

LA PREPOSICIÓN *CONTRA*

Indica, según el contexto en que sea empleada:

Ataque: Luchó *contra* los enemigos.

Colisión: Tiró tomates *contra* el artista.

Oposición: Toma esta pastilla *contra* la tos.

LA PREPOSICIÓN *DE*

Indica, según el contexto en que sea empleada:

Materia: Taza *de* barro.

Posesión: El carro *de* mi padre.

Aposición: Santo Domingo *de* Guzmán.

Asunto: Consulta *de* matemáticas.

Condición: *De* haberlo sabido, no te lo hubiera dicho.

Modo: Le rogó *de* rodillas.

Origen: Soy *de* Samaná.

Tiempo: Llegaron *de* noche.

LA PREPOSICIÓN *PARA*
Indica, según el contexto en que sea empleada:

Dirección: Salieron *para* Puerto Plata.

Fin, destino: Compró algo *para* su mamá.

Tiempo: El carro estará listo *para* mañana.

Uso: Esta pieza es *para* unir los tubos.

LAS CONJUNCIONES:

Son letras, palabras o frases que ligan (unen, juntan) dos o más vocablos, frases u oraciones. Por tanto, son también conectores que ayudan a precisar la comunicación.

En español hay un número limitado de conjunciones, que son las siguientes:

Las conjunciones en español

Clase	Forma
Copulativas (Indican suma o acumulación)	y, e, ni
Adversativas (Indican contraposición)	mas, pero, sino, sino que
Disyuntivas (Indican opción)	o, u
Causales (Indican causa)	porque, pues, puesto que
Condicionales (Plantean una condición)	si, con tal que, siempre que
Concesivas (Plantean dificultad sin impedir)	aunque, si bien, aun
Comparativas (Relacionan comparando)	como, tal como
Consecutivas (Expresan una consecuencia)	tan, tanto que, así que
Temporales (Dan idea de tiempo)	cuando, antes que
Finales (Indican finalidad, propósito)	para que, a fin de que

MODOS Y TIEMPOS VERBALES

Se llama *modo* a las diferentes maneras de expresar la significación temporal de la acción de un verbo. En español hay tres:

El modo indicativo. Significa que un hecho objetivamente ocurre, ocurrió u ocurrirá. **El modo subjuntivo.** Expresa la acción del verbo como una posibilidad. **El imperativo.** Expresa la acción del verbo como una orden del emisor.

Ver las conjugaciones verbales en: www.buscon.rae.es/dpdI/apendices/apendice1.html

REGLAS DE ACENTUACIÓN

Las palabras agudas llevan tilde cuando terminan en *vocal*, en *n* o en *s*.

Ej.: tab*ú*, man*í*, aj*í*, durmi*ó*, caim*á*n, jam*á*s. De acuerdo con la nueva ortografía del español (RAE 2010), son excepciones las palabras ´*guion*´ y ´*truhan*´ porque se asumen como monosilábicas.

Las palabras llanas llevan tilde cuando *NO* terminan en *n* ni en *s*.

Ej.: *á*ngel, hu*é*sped, car*á*cter, f*á*cil, L*ó*pez, l*á*piz.

Las palabras esdrújulas (igualmente las sobreesdrújulas) SIEMPRE llevan tilde.

Ej.: t*á*rtaro, b*á*sico, m*é*dico, l*á*tigo, murci*é*lago.

Las palabras monosilábicas *NO* se acentúan, excepto las siguientes: tú (pronombre personal), té (infusión), sé (verbo saber), sí (afirmación o reflexivo), él (pronombre personal). Las letras mayúsculas *TAMBIÉN* se acentúan.

Cuando alguien necesita presentar un trabajo escrito, además de leer para documentarse sobre el tema, debe tener a mano buenos diccionarios. En la Internet encontrarás una amplia gama, entre ellos:

El diccionario de la RAE: www.rae.es

El diccionario de dudas de la RAE: www.buscon.rae.es/dpdl/

BIBLIOGRAFÍA

Berganza Conde, M. Rosa (2005). *Investigar en Comunicación*. Madrid: McGraw Hill.

Bernal T., César Augusto (2000). *Metodología de la Investigación para la administración y economía*. Bogotá: Pearson Educación de Colombia.

Flórez Madan, Lourdes M. (2008). "Pasos del proceso de investigación". Santo Domingo: (Folleto inédito).

Gili y Gaya, Samuel (1978).*Curso superior de sintaxis española*. La Habana: Ed. Pueblo y Educación.

Hernández Meléndrez, Edelsys (2006). *Cómo escribir una tesis*. La Habana: Ed. Escuela Nacional de Salud Pública.

Hernández Sampieri, Roberto (2004). *Metodología de la Investigación*. Santiago de Chile: McGraw Hill.

Salkind, Neil J. (1999). *Métodos de investigación*. México: Pearson Educación.

ACERCA DEL AUTOR

Enrique Soldevilla (La Habana, 1954). Ensayista y narrador. Es graduado de Filología hispanoamericana en la Facultad de Artes y Letras de la Universidad de La Habana.

Ha publicado numerosos artículos en espacios digitales y en la prensa cubana y de República Dominicana, país donde se desempeña como profesor universitario en el área de redacción.